Couvertúres supérieure et inférieure
manquantes

LES

ABBESSES DE MAUBUISSON

LES
ABBESSES DE MAUBUISSON

PAR

A. DEMARSY

SECRÉTAIRE DE LA SOCIÉTÉ DE L'ÉCOLE IMPÉRIALE DES CHARTES, ASSOCIÉ CORRESPONDANT
DE LA SOCIÉTÉ IMPÉRIALE DES ANTIQUAIRES DE FRANCE, ETC.

————◦◦————

(Extrait de la Revue nobiliaire, 1868.)

PARIS
LIBRAIRIE HÉRALDIQUE DE J. B. DUMOULIN, LIBRAIRE DE LA SOCIÉTÉ
DES ANTIQUAIRES DE FRANCE
13 — Quai des Grands-Augustins, — 13
—
1868

LES
ABBESSES DE MAUBUISSON

ous ne pouvons, croyons-nous, mieux commencer cette notice sur les abbesses de Maubuisson, qu'en empruntant à l'histoire manuscrite de cette abbaye de Dom Estiennot, quelques lignes sur sa fondation et une courte description de sa situation.

« L'abbaye de Notre-Dame la Royalle, ditte de Maubuisson, écrivait en 1671 ce savant bénédictin, est située dans un vallon esloigné d'un petit quart de lieue de Pontoise. Les premiers fondements de cette abbaye furent jettés l'an 1236 par Blanche de Castille, reyne de France, dans un lieu appelé Aulnet qui appartenoit à des seigneurs qui portoient le mesme nom. L'un desquels ayant faict donation de tous ses biens aux religieux de l'abbaye de Saint-Martin sur Viosne les Ponthoises, ces religieux cédèrent à la reine Blanche nostre fondatrice tout ce qu'ils pouvoient prétendre audit lieu d'Aulnet par la cession qui leur avoit été faitte.

« La situation est assez belle, le fonds très-bon, l'église, le réfectoire, le chapitre et le dortoir magnifiquement bastis. L'enclos fermé de murailles est plus estendu que toutte la ville de Pontoise et contient au moins cent arpens, à bois, prés, vignes, jardin fruittier et potagier, estangs, canaulx d'eau vive et généralement tout ce qui est nécessaire à une nombreuse communauté de religieuses.

« Ce monastère est esloigné de six petittes lieues de Paris, dans le diocèse duquel il est. Il fut achevé de bastir l'an 1240, et la reyne y mit cette mesme année des religieuses de Cisteaux qui avoient esté tirées (à ce que porte la tradition) de l'abbaye de Saint-Antoine des champs les Paris. Elle sousmit ce nouveau monastère à celuy de Cisteaux [1]. »

I. La première abbesse de Maubuisson fut *Guillemette*, religieuse de Saint-Antoine, que quelques auteurs ont considérée comme une

---

[1] Liv. I, ch. 1, pp. 1 à 3. Voir à la fin de cet article la description de ce manuscrit. La charte de fondation, conservée aux archives de Seine-et-Oise, est de mars 1241. (Vieux style.)

nièce de la reine Blanche, assertion que rien ne vient appuyer. Elle gouverna l'abbaye de 1240 à 1275. On trouve dans D. Estiennot l'indication de nombreuses donations et ventes faites à l'abbaye pendant cette période : les plus importants priviléges qui lui furent concédés alors, sont une exemption générale d'impôts accordée par saint Louis en 1243, et d'autres donations faites par ce prince[1]. On dit généralement que la reine Blanche, voulut à son lit de mort recevoir l'habit de religieuse des mains de l'abbesse Guillemette[2].

Guillemette mourut le 17 novembre 1275 et fut enterrée dans le chapitre. Les auteurs de la *Gallia christiana nova* ont donné son épitaphe.

II. *Blanche d'Eu* fut élue pour succéder à Guillemette. Elle était fille d'Alphonse de Brienne, comte d'Eu, fils de Jean, roi de Jérusalem, et de Marie de Lusignan, et petite-nièce de la reine Blanche, qui l'avait fait élever sous ses yeux et lui avait fait faire profession à Maubuisson. De nombreuses fondations furent faites à l'abbaye pendant les trente-trois ans qu'elle la gouverna. En 1296, on enterra dans l'église Jean de Brienne, prince d'Aire, son oncle, et en 1304, Robert, comte d'Artois.

Blanche mourut le 6 juillet 1309 et fut enterrée sous une arcade dans le chœur de l'église de l'abbaye. « Son tombeau, dit Pihan de La Forest, est de pierre, couvert d'une table de marbre noir, sur lequel on voit sa figure exécutée en relief, ayant la tête et les mains de marbre blanc et le reste du corps de pierre ordinaire. Sur le mur est peinte la sainte Vierge, tenant entre ses bras l'Enfant Jésus que deux abbesses prient à genoux, l'une est Mᵐᵉ Blanche d'Eu, ayant son manteau, et l'autre Mᵐᵉ Marie de Montmorency, quinzième abbesse, représentée en coule qui fit repeindre cette image[3]. »

Ses armes peintes au même endroit sont : *D'azur au lion d'or, le champ semé de billettes de même* (*D. Estiennot*, p. 93).

III. *Isabeau de Montmorency*, fille de Matthieu de Montmorency,

---

[1] On a publié dans la Bibliothèque de l'École des Chartes, t. XVIII, p. 265, les lettres de saint Louis contenant les adieux que ce roi fit aux religieuses de Maubuisson en partant pour la croisade (mars 1270).

[2] Blanche mourut le 30 octobre 1252, et fut enterrée à Maubuisson, dans un caveau au milieu du chœur des religieuses. On trouve l'inscription placée sur son tombeau, avec celles des sépultures de Mahaut, comtesse d'Artois, de Marguerite d'Antioche, de Robert d'Artois et de Jean d'Acre, dans un mémoire manuscrit qui est dans le registre des professions de Maubuisson, commençant en 1652, f° 342.

[3] Mss, t. I, p. 10. Bibl. de Pontoise.

comte de Ponthieu et connétable de France [1], remplaça Blanche en
1309, et était encore abbesse en 1345. Nous n'entrerons pas dans le
détail des acquisitions qu'elle fit, des donations qu'elle reçut et des
procès qu'elle eut à soutenir [2]. C'est pendant qu'Isabeau était
abbesse, que Blanche, femme de Charles-le-Bel, vint prendre le
voile et finir ses jours à Maubuisson, après que la nullité de son
mariage eut été prononcée. On ne sait pas au juste la date de la mort
d'Isabeau et son tombeau n'avait pu être reconnu avec précision par
les historiens de Maubuisson. « Il existait autrefois dans l'église de
l'abbaye, dit Pihan de la Forest, deux tombeaux qui paraissaient
être de deux abbesses de la famille de Montmorency. Mme Catherine
d'Orléans, en faisant paver le chœur, fit ôter un de ces tombeaux,
sur lequel il y avait une effigie de pierre, qui fut portée à un coin du
cloître où elle est encore, et la tombe fut transportée dans un autre
lieu de l'église. C'était le tombeau d'Isabelle de Montmorency ainsi
qu'on l'avait toujours pensé et qu'on le voyait par les armoiries
qu'elle portait. Toutefois dans la chapelle de Saint-Louis on voit
dans le mur qui sépare le bas de l'église au bas côté droit, sous une
arcade, une figure de pierre relevée en bosse avec les armes de
Montmorency sans aucune écartelure ; c'est un tombeau d'abbesse
que son antiquité empêche de confondre avec celui de Marie de
Montmorency, quatorzième abbesse, dont la sculpture est d'ailleurs
connue [3]. »

D'or, à la croix de gueules, cantonnée de seize alérions d'azur.

IV. *Marguerite de Moncy ou Moucy*, était, disent les historiens de
Maubuisson, d'une famille du Vexin français, alliée à celles de Trie
et de Dammartin [4]. Elle mourut en 1386 ou 1387 et la date de son
anniversaire est fixée par le nécrologe au 6 mars. Bonne de Bohême,
duchesse de Normandie, mourut, en 1349, entre les bras de cette
abbesse et fut enterrée à Maubuisson. Ce fut aussi de son temps, que
les entrailles de Jeanne d'Evreux, troisième femme de Jeanne-le-
Bel, furent apportées et inhumées dans l'église de l'abbaye.

[1] C'est du moins ce que supposent D. Estiennot et les auteurs du *Gallia.*
[2] Voir D. Estiennot, Mss. original, pp. 99 à 108.
[3] Pihan de la Forest, *Hist. de Maubuisson*, p. 12. Quelques auteurs, s'ap-
puyant sur un nécrologe de Maubuisson, ont remplacé Isabeau par une Marguerite
dont on ne trouve la trace nulle part ailleurs, tandis que l'existence de la première
est prouvée par des actes de 1309 à 1345. (Voir D. Estiennot et Pihan de la Forest.)
[4] Du moins, on trouve dans le cartulaire de Maubuisson, en 1270, un Jean, comte
de Dammartin, seigneur de Moucy, oncle de Mathieu de Trie, écuyer.

V. *Philippe Paynel d'Hambye*, d'une famille illustre de Normandie (voir Robert Cénal, Duchesne, etc.), fut abbesse depuis 1344 environ jusqu'en 1390. Elle fut enterrée au bas du chœur. Son épitaphe,
déjà à demi effacée, permit cependant à D. Estiennot de voir qu'elle
mourut le 28 janvier 1390. — Il y avait sur son tombeau quatre
écussons : le 1er, *d'or à deux fasces d'azur à l'orle de neuf merlettes de même 4, 2 et 3* (Paynel); le 2e, *de.... au lion de...*; le 3e,
de.... plein; le 4e, *fuzelé de....* Pihan de la Forest lui donne :
*d'or à deux fasces d'azur accompagnées de dix merlettes de gueules
en orle.*

VI. *Catherine*, mentionnée au nécrologe de l'abbaye comme
sixième abbesse, mais sans que l'on sache combien de temps et
quand elle le fut.

VII. *Jeanne d'Ivry*, qui d'après D. Estiennot, serait de la même
famille que Robert, comte de Meulant et vicomte d'Ivry, est mentionnée dans les registres de la confrérie aux clercs de Pontoise.

Elle paraît avoir été abbesse jusqu'en 1409 et fut enterrée en la
chapelle de Saint-Louis, mais sa tombe avait disparu dès le
XVIIe siècle.

De.... à trois chevrons de....

VIII. D. Estiennot suppose ici l'existence d'une huitième abbesse
dont le nom est inconnu, parce que le martyrologe et le nécrologe de
l'abbaye indiquent tous les deux Jeanne d'Ivry, comme *septième*
abbesse, et Catherine d'Estouteville comme *neuvième.*

IX. *Catherine d'Estouteville*, nièce de Philippe Paynel, et proba-
blement fille de Robert d'Estouteville, seigneur de Vallemont, Hotot,
Hambye, et de Marguerite de Montmorency, fut élevée à Maubuisson et en devint abbesse en 1409, morte en 1454, le 29 janvier, suivant les frères de Sainte-Marthe, le 27, suivant le martyrologe,
et le 20 mars suivant le nécrologe.

*Burelé d'argent et de gueules de dix pièces au lion morné de
sable brochant sur le tout.*

X. *Madeleine*, indiquée comme dixième abbesse dans le nécrologe
et dans le martyrologe de Maubuisson.

XI. *Marguerite d'Anes*, indiquée dans des chartes de la collection
de Gaignières en 1461 et 1464. D. Estiennot se livre à son occasion à

une longue digression sur l'histoire des familles d'Anet, d'Anné, d'Anneul, d'Anoy, etc.

XII. *Guillemette Martine*, élue en 1473 d'après Sainte-Marthe et mentionnée en ces termes dans l'ancien martyrologe de Maubuisson au 12 mars : « Est décédée de pieuse et sainte mémoire madame Guillemette douzième abbesse de cette église l'an mil quatre cent quatre-vingt-et-un. »

XIII. *Antoinette de Dinteville*, fille de Claude, seigneur de Dinteville et de Jeanne de la Baume. Elle fut élue abbesse en 1481 et administra la communauté pendant quarante-trois ans jusqu'à sa mort, le 11 janvier 1524. Elle fut enterrée dans l'avant-chœur de l'église.

Écartelé aux 1 et 4 de sable à 2 léopards d'or, semé de billettes de même. (Choiseul Praslin.)

XIV. *Henriette de Villers*, parente d'Antoinette de Dinteville ; avait été élevée par elle dans l'abbaye, et lui succéda après avoir passé par tous les offices du couvent.

Elle mourut en 1529 et fut enterrée dans le chapitre.

D'or à la fasce de gueules chargée d'une tourelle d'argent qui est de Villers-la-Faye. La tourelle qui charge la fasce étant sans doute une brisure de puîné. (Pihan de la Forest.)

XV. *Marie de Montmorency*, était fille de Guillaume de Montmorency, et d'Anne Pot. Pendant qu'elle fut abbesse, la foudre tomba sur le grand clocher de l'abbaye et le réduisit en cendres, elle le fit reconstruire, mais ce nouveau clocher éprouva peu d'années après le même sort que le précédent et depuis cette époque, il n'y eut plus de clocher à Maubuisson.

Elle mourut vers le 19 février 1542, ainsi que cela résulte des comptes du receveur de Maubuisson qui mentionne, au 20 février, diverses fournitures pour l'enterrement de l'abbesse et notamment dix sols tournois donnés aux cinq hommes qui ont creusé sa fosse. Son épitaphe rédigée bien postérieurement à sa mort fixe à tort son décès au 24 février 1543.

D'or à la croix de gueules accompagnée de seize alérions d'azur. (Tombeau d'après D. Estiennot et Pihan de la Forest.)

XVI. *Marie d'Annebault*, fille de Jean d'Annebault et de Marguerite de Blosset[1]. Ce fut la première abbesse nommée par le roi en vertu du concordat de 1516. Sa vie entière se trouve rapportée dans l'épitaphe gravée sur sa tombe :

« Icy gist humble religieuse et noble dame Marie d'Annebault laquelle fut vestue en l'abbaye de Nostre-Dame du Pray-les-Lisieux le seiziesme jour d'octobre, l'an mil cinq cens onze, professe audit monastère le quatriesme jour d'aoust l'an mil cinq cens dix-sept, et l'an mil cinq cens vingt-quatre fut prieure de Vernon, et après avoir résigné ledit prieuré fut abbesse de S. Amand de Rouen, le seiziesme jour de juillet l'an mil cinq cens trente et un, et elle nommée par le roy François pour estre abbesse de céens le vingt huitiesme janvier mil cinq cens quarante trois, résigna ladite abbaye de S. Amand et deceda le vingt et uniesme janvier mil cinq cens quarante-six pleine d'ans et de bonnes mœurs ayant gouverné lesdits lieux avec honneur de leur religion et grande augmentation d'iceux pries Dieu pour son âme. »

De gueules à la croix de vair. (Fenêtres du dortoir de Maubuisson).

XVII. *Marie de Pisseleu*, fille de Guillaume de Pisseleu, seigneur d'Heilly, en Picardie, et de Madeleine de Laval, comtesse de Vertus.

D'abord religieuse à l'abbaye de Poissy, dont elle fut six ans prieure, Marie fut vingt-sept ans abbesse de Maubuisson et y mourut le 11 octobre 1574.

D'argent à trois lions de gueules. (Porte de la chapelle de Vaux sous Méry.)

XVIII. *Madeleine Thiercelin de Brosse*, fille d'Adrien de Brosse et de Jeanne de Gourlay. Elle prit l'habit à Maubuisson à l'âge de quinze ans, vers 1544, en devint abbesse en 1574 et mourut le 29 avril 1594. Elle fut enterrée à l'entrée du chœur de l'église de l'abbaye.

D'argent à deux tierces d'azur passées en sautoir, et cantonnées de quatre merlettes de sable. (P. Anselme, *Hist. Généal. de Fr.*, t. IX, p. 89.)

XIX. *Françoise Thiercelin de Brosse-Possé*, fille de Jacques

---

[1] Les armes de Blosset sont : *pallé d'or et de sinople au chef d'argent chargé de trois chevrons de gueules; écartelé d'argent à quatre fasces de gueules, au lion de sable brochant sur le tout.*

Thiercelin, seigneur de Possé, était religieuse à Variville, quand elle fut appelée par Marie de Brosse sa tante pour lui servir de coadjutrice, et administra Maubuisson, de 1591 à 1594. Les intrigues de Gabrielle d'Estrées l'obligèrent alors à se démettre de son abbaye en faveur d'Angélique d'Estrées. Elle se retira à Variville.

XX. *Angélique d'Estrées*, fille d'Antoine d'Estrées de Cœuvres, grand maître de l'artillerie et de Françoise Babou de la Bourdaisière, avait fait profession à Poissy et fut d'abord abbesse de Bertaucourt; puis Henry IV, sur la demande de Gabrielle sa sœur, la fit venir à Maubuisson en 1594 [1]. Elle y resta jusqu'en 1618, après y avoir mené pendant tout ce temps une conduite scandaleuse et avoir donné aux religieuses l'exemple de tous les débordements.

A cette époque l'abbé de Citeaux ayant envoyé des commissaires qui ne purent remédier aux abus, obtint du roi Louis XIII un ordre pour faire enlever l'abbesse et la faire enfermer; elle mourut en 1634.

L'abbé de Citeaux chargea alors Marie-Angélique Arnaud, abbesse de Port-Royal, de rétablir l'ordre dans l'abbaye de Maubuisson et d'y introduire la réforme. Après avoir passé quatre ans à Maubuisson, madame Arnaud retourna à Port-Royal.

XXI. *Charlotte de Bourbon-Soissons*, fille légitimée de Charles de Bourbon, comte de Soissons et de Dreux, grand maître de France, fut élevée depuis l'âge de deux ans dans l'abbaye de Fontevrault qu'elle ne quitta que pour venir à Maubuisson comme abbesse, en 1622. Elle eut, à son arrivée, à soutenir un long procès contre Angélique d'Estrées. Elle mourut le 28 décembre 1626, à 33 ans, et fut enterrée au milieu du chœur, proche de la grille, sans aucune inscription ni gravure.

De France, à la bordure de gueules, et à la barre de même. (Pihan de la Forest.)

XXII. *Marie Suyreau*, fille d'un avocat de Chartres, et religieuse de Port-Royal, avait été désignée par le roi comme coadjutrice de madame de Soissons et attendait ses bulles de Rome, lorsque cette dernière mourut. Elle lui succéda et rétablit l'ordre dans les finances

---

[1] Gabrielle mourut à Maubuisson et y fut enterrée dans le chœur, près de la chaire de l'abbesse.

du couvent, car madame de Soissons avait, pendant sa courte administration, contracté des dettes considérables. L'état spirituel laissant aussi beaucoup à désirer, Marie Suyreau entreprit d'établir la réforme dans l'abbaye. Cette pieuse abbesse devint en peu de temps la providence du pays et nous regrettons de ne pouvoir citer les faits que rapportent ses biographes. Après avoir rétabli l'ordre dans Maubuisson, elle donna sa démission le 3 mai 1648 et se retira à Port-Royal où elle mourut le 10 décembre 1658.

XXIII. *Suzane de Henin Liétard*, était abbesse de Lieu-Dieu, lorsqu'elle fut désignée par Louis XIV, pour succéder à Marie Suyreau. Pendant la Fronde, cette abbesse ne trouvant pas sa communauté en sûreté, la transporta dans une maison de Pontoise. Elle y mourut le 6 novembre 1652 et fut enterrée à Maubuisson.

De gueules à la bande d'or. (Quartiers généalogiques de Laurent Le Blond.)

XXIV. *Marguerite de Béthune*, fille de François de Béthune, comte d'Orval et de Jacqueline de Caumont la Force, avait été nommée abbesse de Maubuisson lorsque le duc de Longueville obtint de la faire permuter avec sa fille qui était abbesse de Saint-Pierre de Reims.

D'argent à la fasce de gueules.

XXV. *Catherine Angélique d'Orléans*, fille naturelle d'Henry d'Orléans, duc de Longueville et d'Estouteville, et de Jacqueline d'Illiers, avait été élevée à Maubuisson et était depuis 1645 abbesse de Reims. « Elle fit faire de grands travaux à l'église de Maubuisson, pour donner aux autels une forme moins gothique, fit paver le chœur des religieuses en pierres plates et uniformes, après en avoir fait ôter les tombes. Et afin que la sépulture des abbesses qui se faisait dans le chœur depuis nombre d'années n'endommageât pas le pavé, elle fit creuser un caveau dans lequel on les enterra depuis ce temps. » Elle mourut à 47 ans, le 16 juillet 1664, et fut enterrée dans le caveau qu'elle avait fait faire.

D'azur, à trois fleurs de lys d'or, au lambel d'argent en chef (Orléans), *et à la.... de même mise en bande.* (Pihan de la Forest.)

XXVI. *Louise Hollandine, princesse palatine de Bavière*, fille de Frédéric, électeur, comte palatin, roi de Bohême, et d'Élisabeth d'Angleterre. Née le 28 avril 1622. cette princesse, élevée dans la religion protestante, forma en 1657 le projet de se convertir et pour mieux y réussir quitta furtivement son pays. Après avoir passé quelque temps à Anvers, elle vint à Maubuisson où elle fit profession le 19 septembre 1660. Le 14 décembre 1664, elle prit possession de Maubuisson comme abbesse et continua la réforme de cette maison.

Cochin dans un mémoire pour l'abbaye de Maubuisson contre madame de Châteaumorand a tracé de la princesse palatine le portrait suivant :

« Cette princesse née dans l'éclat du trône, avoit quitté avec joie ses grandeurs et sa fortune pour venir s'anéantir dans le cloître ; fille de tant de rois, loin d'exiger les respects dûs à sa naissance, elle refusoit même les égards dûs à sa dignité d'abbesse ; nulle distinction entre elle et la dernière des religieuses, même table, même nourriture, même simplicité de meubles et de vêtements ; toujours la première aux offices de nuit et de jour, ajoutant aux austérités de la règle les pratiques les plus pénibles, aussi tendre pour les autres que sévère pour elle-même ; c'est ainsi qu'elle a été, pendant près de cinquante ans, plutôt la mère que la supérieure de ses religieuses, et que par une vie digne de la plus sainte antiquité, elle a servi d'ornement à l'état régulier et d'édification à toute la France. »

Nous trouvons dans Piban de la Forest l'épitaphe de cette abbesse qui avait été gravée sur une plaque de marbre blanc placée dans le chœur des religieuses à Maubuisson, près de la grande grille :

« Cy gist très-haute, très-excellente et très-religieuse princesse, Louise Hollandine, fille de Frédéric V, roi de Bohême, comte palatin du Rhin, prince et électeur du saint empire, duc de Bavière, de Silésie, etc., et d'Elisabeth d'Angleterre, fille de Jacques Ier roy d'Angleterre ; abbesse de ce royal monastère de Maubuisson.

« Le Seigneur, par sa miséricorde, lui découvrit au milieu des ténèbres de l'hérésie les lumières de la vérité ; elle y entra malgré toutes les considérations humaines et quitta sa patrie pour venir chercher un asile en France. Non contente d'avoir trouvé la voie du salut, elle aspira à sa plus haute perfection en renonçant au monde pour se consacrer à Jésus-Christ. Elle fit profession religieuse en ce monastère en 1660 ; élevée par son mérite et suivant les vœux de toute la communauté à la dignité d'abbesse en 1664, elle n'en fut que plus humble. Sa conduite servit de règle à ses sœurs et sa vie fut une pratique continuelle des vertus chrétiennes et religieuses. Dieu l'éprouva par de longues infirmités qu'elle souffrit avec une patience inimitable. Elle mourut de la mort des justes l'onzième février 1709, âgée de 87 ans. *Requiescat in pace.* »

XXVII. *Charlotte Joubert de la Bastide de Châteaumorand,* fille d'Annet comte de Châteaumorand et de Françoise Cotentin de Tourville, fut nommée par Louis XIV à l'abbaye de Maubuisson après la mort de la princesse palatine. Elle eut de nombreux différends avec ses religieuses, qui voulurent s'opposer à la manière dont elle disposait des biens de l'abbaye, et sur leurs plaintes le régent l'obligea à quitter Maubuisson. Après avoir donné sa démission en décembre 1719, madame de Châteaumorand demeura dans plusieurs couvents et mourut, dit-on, au Précieux-Sang à Paris [1]. On doit signaler quelques travaux exécutés à l'abbaye sous sa direction, et parmi lesquels figure la reconstruction du grand portail de l'église et de trois arcades de la voûte de la nef et du chœur qui menaçaient ruine. Elle fit aussi construire «une tribune de pierre de taille ornée de sculpture où sont des deux côtés la Foy et la Charité; sur cette tribune, elle a fait placer un buffet d'orgue avec des figures en relief très-bien sculptées, lequel contient un orgue de 16 pieds. Aux deux côtés du positif, il y a une balustrade de fer ornée des armes de France et de Castille. Mme la princesse douairière de Condé a donné une somme d'argent pour dorer les ornements de cette balustrade et les trompettes des deux anges qui sont portés sur le buffet. Le tout a coûté 12,363 livres [2]. »

XXVIII. «Dès que Mme de Châteaumorand eut donné sa démission, dit Pihan de la Forest, Mme la princesse douairière de Condé demanda l'abbaye pour Mme Gabrielle-Éléonor de Bourbon-Condé, sa petite-fille, qui était alors religieuse de Fontevrault. Le régent la lui accorda, mais sur le refus que fit Mme de Bourbon, d'être abbesse de Maubuisson, Mme la princesse retourna à M. le duc d'Orléans, pour la demander pour Mme Charlotte Colbert de Croissy, et elle l'obtint le 8 décembre 1719. »

Charlotte de Colbert, fille du marquis de Croissy, était née le

---

[1] Voir le plaidoyer de Cochin, cité plus haut.

[2] Projet d'*Histoire de Maubuisson*, de Pihan de la Forest, p. 104.

26 mai 1678, à Nimègue, où son père était alors en qualité de ministre plénipotentiaire pour la paix, et avait été d'abord abbesse de Panthemont. Cette abbesse fit faire de nombreux travaux à Maubuisson. C'est à elle qu'on devait la grille du chœur de l'église [1], la reconstruction du grand colombier, le remplacement de la charpente de l'église, le rétablissement de la boiserie des stalles du grand chœur, la construction d'une porte monumentale, la restauration, et la reconstruction de plusieurs fermes et moulins dépendant de l'abbaye, qui avaient été brûlés.

Elle fit faire aussi de nombreuses plantations, entreprit l'exécution d'un terrier des possessions de l'abbaye et soutint de nombreux procès pour la conservation des droits de son monastère, notamment à l'égard de la haute justice du Mail, située entre Pontoise et Saint-Ouen. Mme de Croissy mourut le 26 mars 1765, et fut enterrée sous l'orgue, à la porte extérieure de l'église, n'ayant pas voulu être inhumée dans la sépulture des abbesses.

On trouve, dans les *Nouvelles ecclésiastiques* de 1767, une épitaphe de cette abbesse, qui n'a jamais été placée sur sa tombe. Ce recueil contient, dans ses numéros du 20 avril et 15 juillet, un éloge abrégé de Mme de Croissy.

XXIX. Mme de Jarente, abbesse de Bénissons-Dieu (diocèse de Lyon), obtint à la mort de Mme de Colbert, grâce à la faveur de son frère, M. de Jarente, évêque d'Orléans, d'être désignée pour abbesse de Maubuisson ; mais sur les plaintes des religieuses, elle donna sa démission au bout de six mois et retourna dans son ancienne abbaye.

D'or au sautoir de gueules (Vertot et Grandmaison, p. 644).

XXX. Bonaventure de Ponteves, d'une famille de Provence, prit possession en 1766, et mourut d'apoplexie le 22 octobre 1780, âgée d'environ 61 ans. « Elle avait, dit Pihan de la Forest, gouverné l'abbaye avec beaucoup de sagesse, de prudence et de douceur. »

De gueules au pont de deux arches d'or, maçonné de sable. (Grandmaison, p. 603.)

XXXI. Gabrielle-Césarine de Baynac, fut nommée en 1780, et prit possession le 5 mars 1781. Elle avait auparavant l'abbaye de Saint-Loup d'Orléans. Elle eut, dès son arrivée, de longs démêlés avec les

---

[1] Une gravure de cette grille se trouve au cabinet des Estampes, topographie de la France, arrondissement de Pontoise.

religieuses de Maubuisson, et le roi Louis XVI l'exila en 1787, par une lettre de cachet, à Notre-Dame de Sarlat [1].

Les biens de l'abbaye furent, peu de temps après, mis sous séquestre et confiés à un administrateur qui distribua des pensions à chacune des religieuses.

La révolution arriva presque à la même époque; l'abbaye de Maubuisson fut supprimée, les religieuses furent dispersées et les bâtiments qui avaient d'abord servi d'hôpital militaire, furent vendus et détruits en grande partie en 1798.

Il ne reste plus aujourd'hui des bâtiments claustraux, que la sacristie, la salle du chapitre qui remonte au xiiie siècle, celle des archives, le dortoir des novices et les latrines. M. Hérard, architecte qui avait exposé au salon de 1851 une série de dessins et de plans, donnant l'état actuel de l'abbaye, en a publié à cette occasion une description à laquelle nous empruntons ces détails [2]. Il existe au cabinet des estampes, à la bibliothèque impériale, un certain nombre de vues de Maubuisson, dont quelques-unes remontent au xviie siècle.

La bibliothèque de la ville de Pontoise possède aujourd'hui plusieurs manuscrits relatifs à Maubuisson, où nous avons puisé les éléments de cette notice et dont voici l'indication sommaire.

1° Histoire de Maubuisson, par D. Claude Estiennot, bénédictin de Saint-Maur. Cet ouvrage fut écrit par ce religieux pendant qu'il était à l'abbaye de Saint-Martin de Pontoise, et dédié par lui à l'abbesse Louise Hollandine, princesse de Bavière. Il porte la date du 1er juillet 1671. Il existe de ce manuscrit, le premier volume de l'écriture de D. Estiennot, contenant la fondation du monastère et les éloges des abbesses. Le tome deuxième, dont il n'y a qu'une copie ancienne, paraissant être d'une main de femme, renferme « les priviléges et immunitez accordez à cette abbaye par le Saint-Siége et nos roys de France, ses anciennes coutumes, les éloges de ses principaux bienfaiteurs, de ses prieures, des personnages illustres quy y ont été religieuses et quy y sont enterrées [3] ». Ce second livre est dédié aux religieuses de Maubuisson.

---

[1] Baynac. — *D'azur à trois chevrons d'or, sur lesquels brochent deux branches de sinople en pal.* (Grandmaison, p. 169.)

[2] Paris, imp. Reilly-Divry et Cie, in-8°, pièce.

[3] Il y a aussi une copie in-4° de ce manuscrit, datée de 1707, et portant en marge, à l'encre rouge, de nombreux renvois aux cartulaires de l'abbaye.

2° Une copie des : « Antiquitates Velocassium seu pleraque vene-randæ antiquitatis in Vulcassino Francico quæ supersunt monu-menta, ex archivis monasteriorum et basilicarum, necrologiis, epitaphiis, vetustisque inscriptionibus excerpta, ab asceta benedictino Sancti Martini ad Viosnam prope et extra muros Pontis Isaræ tum sub obedientiæ suavi jugo degente. — Annis 1671 et 1672. In-4°. »

L'original de ce manuscrit de D. Estiennot, dédié à Vyon d'Hé-rouval, se trouve à la bibliothèque impériale, fonds Saint-Germain-Latin, n° 529. Il renferme de nombreuses généalogies relatives au Vexin.

3° Projet d'histoire de l'abbaye Notre-Dame-la-Royale dite Mau-buisson. In-4°.

Ce manuscrit couvert de ratures et de surcharges, est de la main de Pihan de la Forest, dont nous avons déjà eu l'occasion de parler dans cette *Revue*[1]. C'est une précieuse mine de renseignements, l'au-teur ayant dépouillé une masse considérable de titres, et donnant, de plus, de curieux détails sur l'état de l'abbaye avant la révolution. Toute la partie qui se rapporte au xviiie siècle et qui manque ordinaire-ment dans les ouvrages de ce genre, y est traitée avec de grands détails.

4° « Registre des religieuses professes de l'abbaye Royalle de Maubuisson décédées, commancé au 6 de novembre de l'année 1652. » In-f°.

Le volume commençant par une notice sur les abbesses, renferme les copies des actes de décès des religieuses. Jusqu'à l'année 1746 (p. 92) il n'y a qu'une note sommaire ; à partir de cette époque, les actes sont dressés régulièrement. Le dernier décès enregistré est celui de la mère Marie-Elisabeth-Scholastique Picart, enterrée le 24 avril 1791. A la fin de ce volume se trouvent des extraits de l'histoire de D. Estiennot.

5° Registre des religieuses professes de l'abbaye Royalle de Mau-buisson, commencent en l'année 1627. In-f°.

Ce manuscrit comprend 393 pages. A partir de l'année 1671, et en vertu de l'art. 15 du titre XX de l'ordonnance nouvelle, on dressa des actes pour les vêtures et professions. Jusque-là on se bor-nait à inscrire la date et le nom. Le registre s'arrête au 9 février

---

[1] Voir 1re série, t. II, p. 287.

1738. Ce manuscrit offre un grand intérêt par les noms qu'il contient et les nombreuses signatures autographes apposées au bas des actes, aussi nous réservons-nous d'en donner un jour une analyse détaillée.

On a imprimé sur Maubuisson et ses abbesses les travaux suivants :

Comptes relatifs à la fondation de l'abbaye de Maubuisson, publiés par H. de l'Epinois, d'après les originaux des archives de Versailles. *Bibl. de l'Ecole des chartes*, t. XIX, p. 550.

Sceau inédit de la reine Blanche, mère de saint Louis, par Auguste Moutié. *Revue archéologique*, t. XIII, p. 291, 1856. — Ce sceau est tiré des archives de Maubuisson, et l'auteur cite, à ce propos, plusieurs actes et des faits relatifs à l'abbaye.

Souvenirs historiques et archéologiques de l'abbaye de Maubuisson et de ses ruines, par L. J. Guénébault. *Revue archéologique*, t. VII, p. 717, 1850.

Modèle de foi et de patience, ou vie de la mère Marie des Anges Suireau, abbesse de Maubuisson, et ensuite de Port-Royal. *Amsterdam*, 1754, in-12 en deux parties. Vie écrite par la sœur de Sainte-Eustochie de Bregy, sur des mémoires fournis par la sœur de Sainte-Candide Le Cerf, religieuse de Maubuisson, et revue par Pierre Nicole. La première partie avait déjà paru en 1737, à Paris, in-12.

Mémoire sur la vie et les vertus de feue Mme la princesse électorale Louise Hollandine, Palatine de Bavière, vingt-quatrième abbesse de Maubuisson, par les religieuses de cette abbaye. — *Paris*, Guillain, 1709, in-12. (Attribué à Cl. Ch. Genest, par Barbier.)

Oraison funèbre de Louise Hollandine, palatine de Bavière, prononcée..... dans l'église de l'abbaye royale de Maubuisson, le 22 août 1709, par messire Jacques Maboul. *Paris*, N. Simart, 1709, in-4°, pièce rééditée en in-12, chez le même, et à Montpellier, chez Martel, en 1712, in-4°.

Abjuration du luthéranisme, par Mme la princesse Eléonor-Charlotte de Wirtemberg-Montbeliard, duchesse d'Olss, en Silésie, dans l'église de l'abbaye royale de Maubuisson, le 3 août 1702. *Paris*, P. Emery, 1703, in-8°.

On conserve, à la bibliothèque de Versailles, deux crosses en cristal de roche, dont le travail remonte au XIIIe siècle, et la monture en argent est du XVIe siècle.

L'une de ces crosses passe pour avoir servi à la reine Blanche, et provient de Maubuisson. Toutes deux ont été publiées dans les *Mélanges d'archéologie et d'histoire*, des PP. Cahier et Martin, t. IV, p. 200, et figuraient à l'exposition de l'histoire du travail en 1867. (Numéros 1975 et 1976 du catalogue.)

A. DEMARSY.

ANGERS, IMPRIMERIE P. LACHÈSE, BELLEUVRE ET DOLBEAU. — 1868.